Europäische Kommission

Durchführungsverordnung (EU) Nr. 402/2013 der Kommission vom 30. April 2013

über die gemeinsame Sicherheitsmethode für die Evaluierung und Bewertung von Risiken und zur Aufhebung der Verordnung (EG) Nr. 352/2009

AP

Antiphon Verlag

Europäische Kommission

Durchführungsverordnung (EU) Nr. 402/2013 der Kommission vom 30. April 2013

über die gemeinsame Sicherheitsmethode für die Evaluierung und Bewertung von Risiken und zur Aufhebung der Verordnung (EG) Nr. 352/2009

1. Auflage 2026 | ISBN: 978-3-38798-696-9

Antiphon Verlag ist ein Imprint der Antiquum Novum Verlag.

Verlag: Antiquum Novum Verlag UG (haftungsbeschränkt), Im Erlengrund 6a, 35510 Butzbach, Deutschland, info@antiquum-novum.de
Vertretungsberechtigt: E. Roepke, Zeilweg 44, 60439 Frankfurt, Deutschland
Druck: Libri Plureos GmbH, Friedensallee 273, 22763 Hamburg, Deutschland

DURCHFÜHRUNGSVERORDNUNG (EU) Nr. 402/2013 DER KOMMISSION

vom 30. April 2013

über die gemeinsame Sicherheitsmethode für die Evaluierung und Bewertung von Risiken und zur Aufhebung der Verordnung (EG) Nr. 352/2009

(Text von Bedeutung für den EWR)

DIE EUROPÄISCHE KOMMISSION —

gestützt auf den Vertrag über die Arbeitsweise der Europäischen Union,

gestützt auf die Richtlinie 2004/49/EG des Europäischen Parlaments und des Rates vom 29. April 2004 über Eisenbahnsicherheit in der Gemeinschaft und zur Änderung der Richtlinie 95/18/EG des Rates über die Erteilung von Genehmigungen an Eisenbahnunternehmen und der Richtlinie 2001/14/EG über die Zuweisung von Fahrwegkapazität der Eisenbahn, die Erhebung von Entgelten für die Nutzung von Eisenbahninfrastruktur und die Sicherheitsbescheinigung („Richtlinie über die Eisenbahnsicherheit") [1], insbesondere auf Artikel 6 Absatz 4,

in Erwägung nachstehender Gründe:

(1) Im Einklang mit der Richtlinie 2004/49/EG sollten gemeinsame Sicherheitsmethoden (CSM) schrittweise eingeführt werden, damit ein hohes Sicherheitsniveau gewährleistet und die Sicherheit, soweit dies erforderlich und nach vernünftigem Ermessen durchführbar ist, verbessert wird.

(2) Am 12. Oktober 2010 hat die Kommission der Europäischen Eisenbahnagentur (die „Agentur") im Einklang mit der Richtlinie 2004/49/EG den Auftrag erteilt, die Verordnung (EG) Nr. 352/2009 der Kommission vom 24. April 2009 über die Festlegung einer gemeinsamen Sicherheitsmethode für die Evaluierung und Bewertung von Risiken gemäß Artikel 6 Absatz 3 Buchstabe a der Richtlinie 2004/49/EG des Europäischen Parlaments und des Rates [2] zu überarbeiten. In die Überarbeitung sollten die Ergebnisse der von der Agentur nach Artikel 9 Absatz 4 der Verordnung vorgenommenen Analyse der allgemeinen Wirksamkeit der CSM für die Risikoevaluierung und -bewertung und der Erfahrungen mit deren Anwendung sowie Weiterentwicklungen hinsichtlich Rolle und Zuständigkeiten der Bewertungsstelle im Sinne des Artikels 6 der genannten Verordnung einfließen. Die Überarbeitung sollte sich auch auf die Qualifikationsanforderungen (durch Entwicklung eines Anerkennungs-/Akkreditierungssystems) an die Bewertungsstelle entsprechend ihrer Rolle bei den CSM erstrecken; dabei sollte es um mehr Klarheit gehen, damit Unterschiede bei der Anwendung in den Mitgliedstaaten vermieden werden, und gleichzeitig sollten die Schnittstellen mit bestehenden Genehmigungs-/Zertifizierungsverfahren der Union im Eisenbahnsektor Berücksichtigung finden. Falls realisierbar, sollten in die Überarbeitung der Verordnung (EG) Nr. 352/2009 auch Weiterentwicklungen bei den Risikoakzeptanzkriterien einfließen, die verwendet werden könnten, um die Vertretbarkeit eines Risikos im Zuge der expliziten Risikoabschätzung und -evaluierung zu bewerten. Die Agentur legte der Kommission ihre Empfehlung hinsichtlich der Überarbeitung der CSM zusammen mit einem Folgenabschätzungsbericht zum Auftrag der Kommission vor. Die vorliegende Verordnung stützt sich auf diese Empfehlung der Agentur.

(3) Im Einklang mit der Richtlinie 2004/49/EG sollten die wesentlichen Bestandteile für das Sicherheitsmanagementsystem Verfahren und Methoden für die Durchführung von Risikobewertungen und die Anwendung von Maßnahmen zur Risikobeherrschung für den Fall umfassen, dass sich aus geänderten Betriebsbedingungen oder neuem Material neue Risiken für die Infrastruktur oder den Betrieb ergeben. Dieser wesentliche Bestandteil des Sicherheitsmanagementsystems ist Gegenstand dieser Verordnung.

(4) Artikel 14a Absatz 3 der Richtlinie 2004/49/EG verlangt von den für die Instandhaltung zuständigen Stellen mittels eines Instandhaltungssystems zu gewährleisten, dass die Fahrzeuge, für deren Instandhaltung sie zuständig ist, in einem sicheren Betriebszustand sind. Um mit Änderungen bei Ausrüstung, Verfahren, Organisation, Personalausstattung oder Schnittstellen umgehen zu können, sollten die für die Instandhaltung zuständigen Stellen Risikobewertungsverfahren eingerichtet haben. Diese Anforderung an das Instandhaltungssystem ist ebenfalls Gegenstand dieser Verordnung.

(5) Aus der Anwendung der Richtlinie 91/440/EG des Rates vom 29. Juli 1991 zur Entwicklung der Eisenbahnunternehmen der Gemeinschaft [3] sowie des Artikels 9 Absatz 2 der Richtlinie 2004/49/EG folgt, dass ein besonderes Augenmerk dem Risikomanagement an den Schnittstellen zwischen den in die Anwendung dieser Verordnung einbezogenen Akteuren gelten sollte.

(6) Artikel 15 der Richtlinie 2008/57/EG des Europäischen Parlaments und des Rates vom 17. Juni 2008 über die Interoperabilität des Eisenbahnsystems in der Gemeinschaft [4] sieht vor, dass die Mitgliedstaaten alle gebotenen Maßnahmen treffen, damit die strukturellen Teilsysteme, die Bestandteil des Eisenbahnsystems sind, nur dann in Betrieb genommen werden dürfen, wenn sie so geplant, gebaut und installiert werden, dass die einschlägigen grundlegenden Anforderungen erfüllt werden, wenn sie in das Eisenbahnsystem einbezogen werden. Insbesondere müssen die Mitgliedstaaten die technische Kompatibilität dieser Teilsysteme mit dem Eisenbahnsystem, in das sie integriert werden, und die sichere Integration dieser Teilsysteme im Einklang mit dem Anwendungsbereich dieser Verordnung überprüfen.

(7) Das Fehlen eines gemeinsamen Konzepts der Mitgliedstaaten zur Festlegung und zum Nachweis der Einhaltung der Sicherheitsniveaus und der Anforderungen des Eisenbahnsystems hat sich als eines der Hindernisse erwiesen,

---

(1) ABl. L 164 vom 30.4.2004, S. 44.
(2) ABl. L 108 vom 29.4.2009, S. 4.
(3) ABl. L 237 vom 24.8.1991, S. 25.
(4) ABl. L 191 vom 18.7.2008, S. 1.

das einer Öffnung des Eisenbahnmarktes im Wege steht. Ein solches gemeinsames Konzept sollte mit dieser Verordnung eingeführt werden.

(8) Zur Erleichterung einer gegenseitigen Anerkennung zwischen den Mitgliedstaaten sollten die für die Ermittlung und das Management von Risiken angewandten Methoden wie auch die Methoden zum Nachweis, dass das Eisenbahnsystem im Gebiet der Union den Sicherheitsanforderungen entspricht, zwischen den an der Entwicklung und dem Betrieb des Eisenbahnsystems beteiligten Akteuren harmonisiert werden. Ein erster notwendiger Schritt ist — im Einklang mit Anhang III Nummer 2 Buchstabe d der Richtlinie 2004/49/EG — die Harmonisierung der Verfahren und Methoden für die Durchführung von Risikobewertungen und die Anwendung von Maßnahmen zur Risikobeherrschung für den Fall, dass sich aus geänderten Betriebsbedingungen oder neuem Material neue Risiken für die Infrastruktur oder den Betrieb ergeben.

(9) Wurde keine nationale Vorschrift notifiziert, anhand deren bestimmt werden kann, ob eine Änderung für die Sicherheit in einem Mitgliedstaat signifikant ist oder nicht, sollte das oder die für die Durchführung der Änderung verantwortliche Unternehmen oder Organisation (im Folgenden „der Vorschlagende" genannt) zunächst die potenziellen Auswirkungen der betreffenden Änderung auf die Sicherheit des Eisenbahnsystems prüfen. Hat die vorgeschlagene Änderung Auswirkungen auf die Sicherheit, sollte der Vorschlagende auf der Grundlage einer Expertenbewertung und anhand von Kriterien, die in dieser Verordnung festgelegt werden sollten, die Signifikanz der Änderung bewerten. Diese Bewertung sollte zu einer von drei Schlussfolgerungen führen. Im ersten Fall wird die Änderung nicht für signifikant erachtet und der Vorschlagende sollte die Änderung durch Anwendung seiner eigenen Sicherheitsmethode vornehmen. Im zweiten Fall wird die Änderung für signifikant erachtet und der Vorschlagende sollte die Änderung durch Anwendung dieser Verordnung vornehmen, ohne dass ein gezieltes Eingreifen der nationalen Sicherheitsbehörde erforderlich ist. Im dritten Fall wird die Änderung für signifikant erachtet, doch existieren Rechtsvorschriften auf Ebene der Europäischen Union, die ein gezieltes Eingreifen der zuständigen nationalen Sicherheitsbehörde erfordern, wie etwa eine neue Genehmigung für die Inbetriebnahme eines Fahrzeugs oder eine Überprüfung/Aktualisierung der Sicherheitsbescheinigung eines Eisenbahnunternehmens oder eine Überprüfung/Aktualisierung der Sicherheitsgenehmigung eines Infrastrukturbetreibers.

(10) Wird eine Änderung an einem bereits in Betrieb befindlichen Eisenbahnsystem vorgenommen, sollte die Signifikanz der Änderung auch unter Berücksichtigung sämtlicher anderer sicherheitsrelevanter Änderungen desselben Teilsystems seit Inkrafttreten dieser Verordnung oder seit der letzten Anwendung des in dieser Verordnung dargelegten Risikomanagementverfahrens — je nachdem, welcher Zeitpunkt der spätere ist — bewertet werden. Dabei gilt es zu beurteilen, ob die Änderungen in ihrer Gesamtheit signifikant sind und damit eine vollständige Anwendung der CSM für die Risikoevaluierung und -bewertung erfordern.

(11) Die Vertretbarkeit des mit einer signifikanten Änderung verbundenen Risikos sollte anhand eines oder mehrerer der folgenden Grundsätze der Risikoakzeptanz bewertet werden: Anwendung von Regelwerken, Vergleich mit ähnlichen Teilen des Eisenbahnsystems oder explizite Risikoabschätzung. All diese Grundsätze werden bereits mit Erfolg bei verschiedenen Eisenbahnanwendungen wie auch bei anderen Verkehrsträgern und in anderen Sektoren angewandt. Der Grundsatz der „expliziten Risikoabschätzung" findet häufig bei komplexen oder innovativen Änderungen Anwendung. Die Entscheidung darüber, nach welchem Grundsatz zu verfahren ist, sollte dem Vorschlagenden obliegen.

(12) Bei Zugrundelegung eines allgemein anerkannten Regelwerks sollte es daher in Übereinstimmung mit dem Grundsatz der Verhältnismäßigkeit möglich sein, den Aufwand für die Anwendung der CSM zu begrenzen. Ebenso sollte es, wenn bestehende Rechtsvorschriften auf Ebene der Union ein gezieltes Eingreifen der nationalen Sicherheitsbehörde erfordern, dieser Behörde gestattet sein, als unabhängige Bewertungsstelle zu agieren, damit eine doppelte Prüfung, unangemessen hohe Kosten für den Sektor und zeitliche Verzögerungen bei der Markteinführung vermieden werden.

(13) Die Agentur sollte, um der Kommission einen Bericht über die Effektivität und die Anwendung dieser Verordnung vorlegen und gegebenenfalls Empfehlungen zu ihrer Verbesserung formulieren zu können, relevante Informationen bei den verschiedenen beteiligten Akteuren einholen können, unter anderem bei den nationalen Sicherheitsbehörden, den für die Zertifizierung von für die Instandhaltung von Güterwagen zuständigen Stellen und anderen für die Instandhaltung zuständigen Stellen, die nicht in den Anwendungsbereich der Verordnung (EU) Nr. 445/2011 der Kommission vom 10. Mai 2011 über ein System zur Zertifizierung von für die Instandhaltung von Güterwagen zuständigen Stellen fallen ([1]).

(14) Die Akkreditierung einer Bewertungsstelle sollte in der Regel von der nationalen Akkreditierungsstelle vorgenommen werden, die die ausschließliche Zuständigkeit für die Beurteilung der Frage hat, ob die Bewertungsstelle die in harmonisierten Normen festgelegten Anforderungen erfüllt. Die Verordnung (EG) Nr. 765/2008 des Europäischen Parlaments und des Rates vom 9. Juli 2008 über die Vorschriften für die Akkreditierung und Marktüberwachung im Zusammenhang mit der Vermarktung von Produkten ([2]) enthält genaue Bestimmungen über die Zuständigkeit solcher nationalen Akkreditierungsstellen.

(15) Wenn einheitliche EU-Rechtsvorschriften für ihre Durchführung die Auswahl von Konformitätsbewertungsstellen vorsehen, so sollte die transparente Akkreditierung nach der Verordnung (EG) Nr. 765/2008 unionsweit von den nationalen Behörden als bevorzugtes Mittel zum Nachweis der fachlichen Kompetenz dieser Stellen angesehen werden. Allerdings könnten nationale Behörden die Auffassung vertreten, dass sie die geeigneten Mittel besitzen, um diese Beurteilung selbst vorzunehmen. In solchen Fällen legt der Mitgliedstaat der Kommission und den übrigen Mitgliedstaaten alle Unterlagen vor, die zum Nachweis der Kompetenz der Anerkennungsstelle, die er für die Umsetzung der Rechtsvorschriften der Union auswählt, erforderlich sind. Um ein vergleichbares Maß an Qualität und Vertrauen zu erreichen, wie es von der

([1]) ABl. L 122 vom 11.5.2011, S. 22.
([2]) ABl. L 218 vom 13.8.2008, S. 30.

Akkreditierung erwartet wird, sollten die Anforderungen und Regeln für die Beurteilung und Überwachung von Bewertungsstellen im Fall der Anerkennung denen gleichwertig sein, die für die Akkreditierung herangezogen werden.

(16) Eine unabhängige, fachkundige externe oder interne natürliche Person, Organisation oder Stelle, eine nationale Sicherheitsbehörde, eine benannte Stelle oder eine gemäß Artikel 17 der Richtlinie 2008/57/EG benannte Stelle könnte als Bewertungsstelle agieren, sofern sie die in Anhang II genannten Kriterien erfüllt.

(17) Die Anerkennung interner Bewertungsstellen in Übereinstimmung mit dieser Verordnung bedeutet nicht, dass bereits ausgestellte Sicherheitsbescheinigungen für Eisenbahnunternehmen, Sicherheitsgenehmigungen für Infrastrukturbetreiber und Bescheinigungen für Instandhaltungsstellen unmittelbar überprüft werden müssen. Sie können beim nächsten Antrag auf Erneuerung oder Aktualisierung der Sicherheitsbescheinigung, Sicherheitsgenehmigung oder Instandhaltungsstellen-Bescheinigung überprüft werden.

(18) In den bestehenden Rechtsvorschriften gibt es keine Beschränkungen hinsichtlich der Anzahl der in den einzelnen Mitgliedstaaten akkreditierten oder anerkannten Bewertungsstellen, und es gibt keine dahingehende Verpflichtung, zumindest eine zu haben. Ist noch keine Bewertungsstelle durch bestehende Rechtsvorschriften der Union oder nationale Rechtsvorschriften ausgewiesen, kann der Vorschlagende jede Bewertungsstelle in der Union oder in einem Drittland benennen, die nach gleichwertigen Kriterien akkreditiert wurde und Anforderungen erfüllt, die den in dieser Verordnung enthaltenen Anforderungen gleichwertig sind. Die Mitgliedstaaten sollten die Möglichkeit haben, Akkreditierungen, Anerkennungen oder eine Kombination beider Optionen zu verwenden.

(19) Die Verordnung (EG) Nr. 352/2009 ist hinfällig geworden und sollte daher durch diese Verordnung ersetzt werden.

(20) Angesichts der neuen mit der vorliegenden Verordnung eingeführten Anforderungen in Bezug auf Akkreditierung und Anerkennung der Bewertungsstelle sollte die Anwendung dieser Verordnung aufgeschoben werden, damit die betroffenen Akteure genügend Zeit haben, dieses neue gemeinsame Konzept einzuführen und umzusetzen.

(21) Die in dieser Verordnung vorgesehenen Maßnahmen entsprechen der Stellungnahme des nach Artikel 27 Absatz 1 der Richtlinie 2004/49/EG eingesetzten Ausschusses —

HAT FOLGENDE VERORDNUNG ERLASSEN:

Artikel 1

Gegenstand

1. Diese Verordnung legt eine überarbeitete gemeinsame Sicherheitsmethode (CSM) für die Evaluierung und Bewertung von Risiken gemäß Artikel 6 Absatz 3 Buchstabe a der Richtlinie 2004/49/EG fest.

2. Die Verordnung erleichtert den Zugang zum Markt für Schienenverkehrsdienste durch eine Harmonisierung

a) der Risikomanagementverfahren, die zur Bewertung der Auswirkungen von Änderungen auf das Sicherheitsniveau und die Erfüllung der Sicherheitsanforderungen angewandt werden;

b) des Austauschs sicherheitsrelevanter Informationen zwischen den verschiedenen Akteuren des Eisenbahnsektors mit dem Ziel, ein Sicherheitsmanagement über die innerhalb des Sektors bestehenden verschiedenen Schnittstellen hinweg zu gewährleisten;

c) der aus der Anwendung eines Risikomanagementverfahrens resultierenden Ergebnisse.

Artikel 2

Anwendungsbereich

1. Diese Verordnung gilt für den Vorschlagenden im Sinne von Artikel 3 Absatz 11, wenn er eine Änderung am Eisenbahnsystem in einem Mitgliedstaat vornimmt.

Solche Änderungen können technischer, betrieblicher oder organisatorischer Art sein. Im Falle organisatorischer Änderungen sind nur solche Änderungen im Hinblick auf die Bestimmungen des Artikels 4 zu berücksichtigen, die sich auf die Betriebs- oder Instandhaltungsprozesse auswirken können.

2. Wenn auf der Grundlage einer Bewertung anhand der in Artikel 4 Absatz 2 Buchstaben a bis f aufgeführten Kriterien

a) die Änderung als signifikant erachtet wird, wird das in Artikel 5 genannte Risikomanagementverfahren angewandt;

b) die Änderung als nicht signifikant erachtet wird, genügt es, zweckdienliche Unterlagen zur Begründung der Entscheidung aufzubewahren.

3. Diese Verordnung gilt auch für strukturelle Teilsysteme, auf die die Richtlinie 2008/57/EG Anwendung findet,

a) wenn die relevanten technischen Spezifikationen für die Interoperabilität (TSI) eine Risikobewertung verlangen; in diesem Fall ist in der betreffenden TSI gegebenenfalls anzugeben, welche Teile dieser Verordnung Anwendung finden;

b) wenn die Änderung im Sinne von Artikel 4 Absatz 2 signifikant ist, wird das in Artikel 5 genannte Risikomanagementverfahren im Rahmen der Inbetriebnahme der strukturellen Teilsysteme angewandt, damit im Einklang mit Artikel 15 Absatz 1 der Richtlinie 2008/57/EG ihre sichere Integration in ein bestehendes System gewährleistet werden kann.

4. In dem in Absatz 3 Buchstabe b genannten Fall darf die Anwendung dieser Verordnung nicht dazu führen, dass Anforderungen gestellt werden, die den verbindlichen Anforderungen der relevanten TSI widersprechen. Kommt es zu solchen Widersprüchen, informiert der Vorschlagende den betroffenen Mitgliedstaat, der in diesem Fall beschließen kann, eine Überarbeitung der TSI gemäß Artikel 6 Absatz 2 oder Artikel 7 der Richtlinie 2008/57/EG oder eine Ausnahme gemäß Artikel 9 Absatz 2 der genannten Richtlinie zu beantragen.

5. Eisenbahnsysteme, die gemäß Artikel 2 Absatz 2 der Richtlinie 2004/49/EG aus deren Geltungsbereich ausgenommen sind, sind vom Anwendungsbereich dieser Verordnung ausgenommen.

6. Die Verordnung (EG) Nr. 352/2009 gilt weiterhin für Projekte, die zum Geltungsbeginn der vorliegenden Verordnung Vorhaben in fortgeschrittenem Entwicklungsstadium im Sinne von Artikel 2 Buchstabe t der Richtlinie 2008/57/EG sind.

Artikel 3

Begriffsbestimmungen

Für die Zwecke dieser Verordnung gelten die Begriffsbestimmungen von Artikel 3 der Richtlinie 2004/49/EG.

Darüber hinaus bezeichnet der Ausdruck

1. „Risiko" die Kombination der Häufigkeit des Eintretens von (durch Gefährdungen verursachten) Unfällen und Zwischenfällen, die zu einem Schaden führen, und des Ausmaßes dieses Schadens;

2. „Risikoanalyse" die systematische Auswertung aller verfügbaren Informationen zur Ermittlung von Gefährdungen und Abschätzung von Risiken;

3. „Risikoevaluierung" das auf der Risikoanalyse beruhende Verfahren zur Feststellung, ob das Risiko auf ein vertretbares Niveau gesenkt wurde;

4. „Risikobewertung" den aus Risikoanalyse und Risikoevaluierung bestehenden Gesamtprozess;

5. „Sicherheit" das Nichtvorhandensein von unvertretbaren Schadensrisiken;

6. „Risikomanagement" die systematische Anwendung von Managementstrategien, -verfahren und -praktiken bei der Analyse, Evaluierung und Beherrschung von Risiken;

7. „Schnittstellen" alle Interaktionspunkte innerhalb des Lebenszyklus eines Systems oder Teilsystems, einschließlich Betrieb und Instandhaltung, an denen die verschiedenen Akteure des Eisenbahnsektors im Rahmen des Risikomanagements zusammenarbeiten;

8. „Akteure" alle Parteien, die direkt oder aufgrund vertraglicher Vereinbarungen in die Anwendung dieser Verordnung einbezogen sind;

9. „Sicherheitsanforderungen" die (qualitativen oder quantitativen) Sicherheitsmerkmale eines Systems sowie dessen Betriebs (einschließlich Betriebsvorschriften) und dessen Instandhaltung, die zur Erfüllung gesetzlicher oder unternehmensspezifischer Sicherheitsziele erforderlich sind;

10. „Sicherheitsmaßnahmen" eine Reihe von Maßnahmen, die entweder die Häufigkeit des Auftretens einer Gefährdung verringert oder ihre Folgen mildert, so dass ein vertretbares Risikoniveau erreicht und/oder aufrechterhalten werden kann;

11. „Vorschlagender" einen der folgenden Rechtsträger:

    a) ein Eisenbahnunternehmen oder einen Infrastrukturbetreiber, das oder der Maßnahmen zur Risikobeherrschung nach Artikel 4 der Richtlinie 2004/49/EG durchführt;

    b) eine für die Instandhaltung zuständige Stelle, die Maßnahmen nach Artikel 14a Absatz 3 der Richtlinie 2004/49/EG durchführt;

    c) einen Auftraggeber oder Hersteller, der gemäß Artikel 18 Absatz 1 der Richtlinie 2008/57/EG bei einer benannten Stelle das EG-Prüfverfahren durchführen lässt oder eine benannte Stelle nach Artikel 17 Absatz 3 der genannten Richtlinie beauftragt;

    d) einen Antragsteller, der eine Genehmigung für die Inbetriebnahme struktureller Teilsysteme beantragt;

12. „Sicherheitsbewertungsbericht" das Dokument, das die Schlussfolgerungen der von einer Bewertungsstelle vorgenommenen Bewertung des zu bewertenden Systems enthält;

13. „Gefährdung" den Umstand, der zu einem Unfall führen könnte;

14. „Bewertungsstelle" die unabhängige, fachkundige externe oder interne natürliche Person, Organisation oder Stelle, die eine Untersuchung vornimmt, um auf der Grundlage von Nachweisen zu beurteilen, ob ein System die gestellten Sicherheitsanforderungen erfüllt;

15. „Risikoakzeptanzkriterien" die Bezugskriterien, anhand deren die Vertretbarkeit eines spezifischen Risikos bewertet wird; diese Kriterien werden herangezogen, um zu bestimmen, ob das Risiko so gering ist, dass keine Sofortmaßnahmen zu seiner weiteren Eindämmung erforderlich sind;

16. „Gefährdungsprotokoll" die Unterlage, in der erkannte Gefährdungen, die damit zusammenhängenden Maßnahmen und die Ursache der Gefährdungen dokumentiert und Angaben zu der für das Gefährdungsmanagement verantwortlichen Organisation gemacht werden;

17. „Gefährdungsermittlung" das Verfahren zur Erkennung, Auflistung und Charakterisierung von Gefährdungen;

18. „Grundsatz der Risikoakzeptanz" die Regeln, anhand deren festgestellt wird, ob das mit einer oder mehreren spezifischen Gefährdungen verbundene Risiko vertretbar ist;

19. „Regelwerk" die schriftlich festgelegten Regeln, die bei ordnungsgemäßer Anwendung dazu dienen können, eine oder mehrere spezifische Gefährdungen zu beherrschen;

20. „Referenzsystem" ein System, das sich in der Praxis bewährt hat, ein akzeptables Sicherheitsniveau gewährleistet und es ermöglicht, im Wege eines Vergleichs die Vertretbarkeit der von einem zu bewertenden System ausgehenden Risiken zu evaluieren;

21. „Risikoabschätzung" das Verfahren, das der Festlegung eines Maßstabs zur Bestimmung der analysierten Risiken dient und aus folgenden Schritten besteht: Abschätzung der Häufigkeit, Konsequenzanalyse und Integration;

22. „technisches System" das Bauteil oder die Baugruppe, einschließlich Entwurf, Realisierung und Begleitdokumentation; die Entwicklung eines technischen Systems beginnt mit der Festlegung der Anforderungen an das System und endet mit seiner Abnahme; auch wenn dabei die relevanten Schnittstellen zum menschlichen Verhalten berücksichtigt werden, sind das Personal und dessen Handlungen nicht Bestandteil eines technischen Systems; der Instandhaltungsprozess wird in den entsprechenden Handbüchern beschrieben, ist aber selbst nicht Bestandteil des technischen Systems;

23. „katastrophale Folge" Todesfälle und/oder zahlreiche schwere Verletzungen und/oder schwerwiegende Umweltschäden infolge eines Unfalls;

24. „bescheinigte Sicherheit" den Status, der einer Änderung durch den Vorschlagenden auf der Grundlage des von der Bewertungsstelle vorgelegten Sicherheitsbewertungsberichts zuerkannt wird;

25. „System" jeden Teil des Eisenbahnsystems, der Gegenstand einer Änderung ist, wobei die Änderung technischer, betrieblicher oder organisatorischer Art sein kann;

26. „notifizierte nationale Vorschrift“ jede nationale Vorschrift, die von Mitgliedstaaten auf der Grundlage der Richtlinie 96/48/EG des Rates [1] oder der Richtlinie 2001/16/EG des Europäischen Parlaments und des Rates [2] und der Richtlinien 2004/49/EG und 2008/57/EG notifiziert wurde;

27. „Zertifizierungsstelle“ eine Zertifizierungsstelle im Sinne von Artikel 3 der Verordnung (EU) Nr. 445/2011;

28. „Konformitätsbewertungsstelle“ eine Konformitätsbewertungsstelle im Sinne von Artikel 2 der Verordnung (EG) Nr. 765/2008;

29. „Akkreditierung“ eine Akkreditierung im Sinne von Artikel 2 der Verordnung (EG) Nr. 765/2008;

30. „nationale Akkreditierungsstelle“ eine Akkreditierungsstelle im Sinne von Artikel 2 der Verordnung (EG) Nr. 765/2008;

31. „Anerkennung“ eine von einer nationalen Stelle, die nicht die nationale Akkreditierungsstelle ist, ausgestellte Bescheinigung, dass die Bewertungsstelle die Anforderungen des Anhangs II erfüllt, um die unabhängige Bewertung nach Artikel 6 Absätze 1 und 2 durchzuführen.

Artikel 4

Signifikante Änderungen

1. Wurde keine nationale Vorschrift notifiziert, anhand deren bestimmt werden kann, ob eine Änderung in einem Mitgliedstaat signifikant ist oder nicht, prüft der Vorschlagende die potenziellen Auswirkungen der betreffenden Änderung auf die Sicherheit des Eisenbahnsystems.

Hat die vorgeschlagene Änderung keinerlei Auswirkungen auf die Sicherheit, kann auf die Anwendung des in Artikel 5 genannten Risikomanagementverfahrens verzichtet werden.

2. Hat die vorgeschlagene Änderung Auswirkungen auf die Sicherheit, entscheidet der Vorschlagende auf der Grundlage einer Expertenbewertung über die Signifikanz der Änderung, wobei er folgende Kriterien berücksichtigt:

a) Folgen von Ausfällen: Szenario des ungünstigsten anzunehmenden Falls („credible worst-case scenario“) bei einem Ausfall des zu bewertenden Systems unter Berücksichtigung etwaiger außerhalb des zu bewertenden Systems bestehender Sicherheitsvorkehrungen;

b) innovative Elemente bei der Einführung der Änderung; dabei geht es nicht nur darum, ob es sich um eine Innovation für den Eisenbahnsektor als Ganzes handelt, sondern auch darum, ob es sich aus der Sicht der Organisation, die die Änderung durchführt, um eine Innovation handelt;

c) Komplexität der Änderung;

d) Überwachung: Unmöglichkeit, die eingeführte Änderung über den gesamten Lebenszyklus des Systems hinweg zu überwachen und in geeigneter Weise einzugreifen;

e) Umkehrbarkeit: Unmöglichkeit, zu dem vor Einführung der Änderung bestehenden System zurückzukehren;

f) additive Wirkung: Bewertung der Signifikanz der Änderung unter Berücksichtigung aller sicherheitsrelevanten Änderungen des zu bewertenden Systems, die in jüngster Zeit vorgenommen und nicht als signifikant beurteilt wurden.

3. Der Vorschlagende bewahrt zweckdienliche Unterlagen auf, die es ihm ermöglichen, die Gründe für seine Entscheidung zu dokumentieren.

Artikel 5

Risikomanagementverfahren

1. Der Vorschlagende ist verantwortlich für die Anwendung dieser Verordnung, einschließlich der Bewertung der Signifikanz der Änderung anhand der in Artikel 4 aufgeführten Kriterien, und für die Durchführung des in Anhang I dargelegten Risikomanagementverfahrens.

2. Der Vorschlagende gewährleistet, dass auch mit Risiken, die von seinen Zulieferern und Dienstleistern, einschließlich ihrer Subunternehmer, ausgehen, gemäß dieser Verordnung umgegangen wird. Zu diesem Zweck kann er durch vertragliche Vereinbarungen verlangen, dass seine Zulieferer und Dienstleister, einschließlich ihrer Subunternehmer, an dem in Anhang I dargelegten Risikomanagementverfahren mitwirken.

Artikel 6

Unabhängige Bewertung

1. Eine Bewertungsstelle führt eine unabhängige Bewertung der Eignung sowohl der Anwendung des in Anhang I dargelegten Risikomanagementverfahrens als auch seiner Ergebnisse durch. Diese Bewertungsstelle muss die in Anhang II aufgeführten Kriterien erfüllen. Ist noch keine Bewertungsstelle durch bestehende Rechtsvorschriften der Union oder nationale Rechtsvorschriften ausgewiesen, benennt der Vorschlagende selbst eine Bewertungsstelle im frühest angemessenen Stadium des Risikomanagementverfahrens.

2. Zur Durchführung der unabhängigen Bewertung unternimmt die Bewertungsstelle Folgendes:

a) Sie sorgt dafür, dass sie anhand der vom Vorschlagenden zur Verfügung gestellten Dokumentation gründlich über die signifikante Änderung informiert ist;

b) sie führt eine Bewertung der Verfahren durch, die während der Planung und Durchführung der signifikanten Änderung für das Sicherheits- und Qualitätsmanagement angewandt wurden, wenn diese Verfahren nicht bereits von einer entsprechenden Konformitätsbewertungsstelle zertifiziert worden sind;

c) sie führt eine Bewertung der Anwendung dieser Sicherheits- und Qualitätsverfahren während der Planung und Durchführung der signifikanten Änderung durch.

Nach Abschluss ihrer Bewertung gemäß den Buchstaben a, b und c legt die Bewertungsstelle den in Artikel 15 und Anhang III vorgesehenen Sicherheitsbewertungsbericht vor.

3. Doppelarbeit zwischen den folgenden Bewertungen ist zu vermeiden:

a) der Konformitätsbewertung des Sicherheitsmanagementsystems und des Instandhaltungssystems von den für die Instandhaltung zuständigen Stellen gemäß den Vorschriften der Richtlinie 2004/49/EG;

b) der Konformitätsbewertung durch eine benannte Stelle im Sinne von Artikel 2 Absatz j der Richtlinie 2008/57/EG oder eine gemäß Artikel 17 dieser Richtlinie benannte Stelle und

---

(1) ABl. L 235 vom 17.9.1996, S. 6.

(2) ABl. L 110 vom 20.4.2001, S. 1.

c) einer gemäß dieser Verordnung von der Bewertungsstelle durchgeführten unabhängigen Sicherheitsbewertung.

4. Unbeschadet der Rechtsvorschriften der Union kann der Vorschlagende die nationale Sicherheitsbehörde als Bewertungsstelle auswählen, falls diese nationale Sicherheitsbehörde diesen Dienst anbietet und die signifikanten Änderungen folgende Fälle betreffen:

a) für die Inbetriebnahme eines Fahrzeugs ist eine Genehmigung gemäß Artikel 22 Absatz 2 und Artikel 24 Absatz 2 der Richtlinie 2008/57/EG erforderlich;

b) für die Inbetriebnahme eines Fahrzeugs ist eine zusätzliche Genehmigung gemäß Artikel 23 Absatz 5 und Artikel 25 Absatz 4 der Richtlinie 2008/57/EG erforderlich;

c) aufgrund einer Änderung der Art oder des Umfangs des Betriebs muss gemäß Artikel 10 Absatz 5 der Richtlinie 2004/49/EG die Sicherheitsbescheinigung aktualisiert werden;

d) aufgrund wesentlicher Änderungen des rechtlichen Rahmens im Bereich der Sicherheit muss gemäß Artikel 10 Absatz 5 der Richtlinie 2004/49/EG die Sicherheitsbescheinigung überprüft werden;

e) aufgrund wesentlicher Änderungen der Infrastruktur, der Signalgebung oder der Energieversorgung oder der Grundsätze für ihren Betrieb und ihre Instandhaltung muss gemäß Artikel 11 Absatz 2 der Richtlinie 2004/49/EG die Sicherheitsgenehmigung aktualisiert werden;

f) aufgrund wesentlicher Änderungen des rechtlichen Rahmens im Bereich der Sicherheit muss gemäß Artikel 11 Absatz 2 der Richtlinie 2004/49/EG die Sicherheitsgenehmigung überprüft werden.

Betrifft eine signifikante Änderung ein strukturelles Teilsystem, für dessen Inbetriebnahme eine Genehmigung gemäß Artikel 15 Absatz 1 oder Artikel 20 der Richtlinie 2008/57/EG erforderlich ist, kann der Vorschlagende die nationale Sicherheitsbehörde als Bewertungsstelle auswählen, falls diese nationale Sicherheitsbehörde diesen Dienst anbietet und sofern der Vorschlagende diese Aufgabe nicht bereits einer gemäß Artikel 18 Absatz 2 der Richtlinie benannten Stelle übertragen hat.

Artikel 7

Akkreditierung/Anerkennung der Bewertungsstelle

Die in Artikel 6 genannte Bewertungsstelle muss

a) entweder durch die in Artikel 13 Absatz 1 genannte nationale Akkreditierungsstelle anhand der in Anhang II festgelegten Kriterien akkreditiert sein oder

b) durch die in Artikel 13 Absatz 1 genannte Anerkennungsstelle anhand der in Anhang II festgelegten Kriterien anerkannt sein oder

c) die nationale Sicherheitsbehörde gemäß der Anforderung des Artikels 9 Absatz 2 sein.

Artikel 8

Akzeptieren der Akkreditierung/Anerkennung

1. Bei der Erteilung der Sicherheitsbescheinigung oder der Sicherheitsgenehmigung gemäß der Verordnung (EU) Nr. 1158/2010 der Kommission ([1]) oder der Verordnung (EU) Nr. 1169/2010 der Kommission ([2]) akzeptiert eine nationale Sicherheitsbehörde die Akkreditierung oder Anerkennung durch einen Mitgliedstaat im Einklang mit Artikel 7 als Nachweis der Fähigkeit des Eisenbahnunternehmens oder Infrastrukturbetreibers, als Bewertungsstelle zu agieren.

2. Bei der Erteilung der Bescheinigung für eine für die Instandhaltung zuständige Stelle gemäß der Verordnung (EU) Nr. 445/2011 akzeptiert die Zertifizierungsstelle eine solche Akkreditierung oder Anerkennung durch einen Mitgliedstaat als Nachweis der Fähigkeit der für die Instandhaltung zuständigen Stelle, als Bewertungsstelle zu agieren.

Artikel 9

Arten der Anerkennung der Bewertungsstelle

1. Folgende Arten der Anerkennung der Bewertungsstelle sind möglich:

a) Anerkennung einer für die Instandhaltung zuständigen Stelle, einer Organisation oder eines Teils davon oder einer natürlichen Person durch den Mitgliedstaat;

b) Anerkennung der Fähigkeit einer Organisation oder eines Teils davon oder einer natürlichen Person, eine unabhängige Bewertung durch Bewertung und Überwachung des Sicherheitsmanagementssystems eines Eisenbahnunternehmens oder Infrastrukturbetreibers durchzuführen, durch die nationale Sicherheitsbehörde;

c) wenn die nationale Sicherheitsbehörde als Zertifizierungsstelle im Einklang mit Artikel 10 der Verordnung (EU) Nr. 445/2011 agiert, Anerkennung der Fähigkeit einer Organisation oder eines Teils davon oder einer natürlichen Person, eine unabhängige Bewertung durch Bewertung und Überwachung des Instandhaltungssystems einer für die Instandhaltung zuständigen Stelle durchzuführen, durch die nationale Sicherheitsbehörde;

d) Anerkennung der Fähigkeit einer für die Instandhaltung zuständigen Stelle, einer Organisation oder eines Teils davon oder einer natürlichen Person, eine unabhängige Bewertung durchzuführen, durch eine vom Mitgliedstaat benannte Anerkennungsstelle.

2. Wenn der Mitgliedstaat die nationale Sicherheitsbehörde als Bewertungsstelle anerkennt, ist es Aufgabe dieses Mitgliedstaats, sicherzustellen, dass die nationale Sicherheitsbehörde die Anforderungen des Anhangs II erfüllt. In diesem Fall müssen die Funktionen der nationalen Sicherheitsbehörde, die ihre Tätigkeit als Bewertungsstelle betreffen, von ihren sonstigen Funktionen nachweisbar unabhängig sein.

Artikel 10

Gültigkeit der Anerkennung

1. In den in Artikel 9 Absatz 1 Buchstaben a und d sowie Artikel 9 Absatz 2 genannten Fällen beträgt die Gültigkeitsdauer der Anerkennung höchstens 5 Jahre ab dem Tag der Erteilung.

2. In dem in Artikel 9 Absatz 1 Buchstabe b genannten Fall

a) wird die Bestätigung der Anerkennung für ein Eisenbahnunternehmen oder einen Infrastrukturbetreiber

([1]) ABl. L 326 vom 10.12.2010, S. 11.
([2]) ABl. L 327 vom 11.12.2010, S. 13.

auf der jeweiligen Sicherheitsbescheinigung in dem Feld 5 *„Zusätzliche Angaben“* des harmonisierten Musters für Sicherheitsbescheinigungen in Anhang I der Verordnung (EG) Nr. 653/2007 der Kommission ([1]) und in einem entsprechenden Teil der Sicherheitsgenehmigungen angegeben;

b) ist die Gültigkeitsdauer der Anerkennung auf die Gültigkeit der Sicherheitsbescheinigung oder -genehmigung, aufgrund deren sie erteilt wurde, beschränkt. In diesem Fall wird der Antrag auf Anerkennung beim nächsten Antrag auf Erneuerung oder Aktualisierung der Sicherheitsbescheinigung oder -genehmigung gestellt.

3. In den in Artikel 9 Absatz 1 Buchstabe c genannten Fällen

a) wird die Bestätigung der Anerkennung für eine für die Instandhaltung zuständige Stelle auf der entsprechenden Bescheinigung im Feld 5 *„Weitere Angaben“* des harmonisierten Musters für Instandhaltungsstellen-Bescheinigungen in Anhang V bzw. in Anhang VI der Verordnung (EU) Nr. 445/2011 angegeben;

b) ist die Gültigkeitsdauer der Anerkennung auf die Gültigkeit der von der Zertifizierungsstelle erteilten Bescheinigung, aufgrund deren sie erteilt wurde, beschränkt. In diesem Fall wird der Antrag auf Anerkennung beim nächsten Antrag auf Erneuerung oder Aktualisierung dieser Bescheinigung gestellt.

Artikel 11

Überwachung durch die Anerkennungsstelle

1. In Analogie zu den in Artikel 5 Absätze 3 und 4 der Verordnung (EG) Nr. 765/2008 aufgeführten Anforderungen an die Akkreditierung führt die Anerkennungsstelle regelmäßige Überwachungsmaßnahmen durch, um nachzuprüfen, ob die Bewertungsstelle, die sie anerkannt hat, während der Gültigkeitsdauer der Anerkennung weiterhin die in Anhang II aufgeführten Kriterien erfüllt.

2. Erfüllt die Bewertungsstelle die in Anhang II aufgeführten Kriterien nicht mehr, begrenzt die Anerkennungsstelle den Geltungsbereich der Anerkennung, setzt diese aus oder zieht sie zurück, je nachdem, inwieweit die Kriterien nicht erfüllt werden.

Artikel 12

Gelockerte Kriterien bei nicht notwendiger gegenseitiger Anerkennung einer signifikanten Änderung

Wenn die Risikobewertung einer signifikanten Änderung nicht gegenseitig anerkannt werden muss, benennt der Vorschlagende eine Bewertungsstelle, die zumindest die Anforderungen des Anhangs II in Bezug auf Kompetenz, Unabhängigkeit und Unparteilichkeit erfüllt. Die sonstigen Anforderungen des Anhangs II Nummer 1 können im Einvernehmen mit der nationalen Sicherheitsbehörde gelockert werden, sofern dadurch keine Diskriminierung entsteht.

Artikel 13

Bereitstellung von Informationen für die Agentur

1. Gegebenenfalls unterrichten die Mitgliedstaaten spätestens am 21. Mai 2015 die Agentur darüber, welche Stelle bzw. Stellen für die Zwecke dieser Verordnung ihre nationale Akkreditierungsstelle und/oder Anerkennungsstelle bzw. Anerkennungsstellen ist/sind, sowie über die Bewertungsstellen, die sie gemäß Artikel 9 Absatz 1 Buchstabe a anerkannt haben. Außerdem melden sie Änderungen dieses Sachverhalts innerhalb eines Monats. Diese Informationen werden von der Agentur veröffentlicht.

2. Spätestens am 21. Mai 2015 unterrichtet die nationale Akkreditierungsstelle die Agentur über die akkreditierten Bewertungsstellen sowie den Zuständigkeitsbereich, für den diese Bewertungsstellen gemäß Anhang II Nummern 2 und 3 akkreditiert sind. Außerdem melden sie Änderungen dieses Sachverhalts innerhalb eines Monats. Diese Informationen werden von der Agentur veröffentlicht.

3. Spätestens am 21. Mai 2015 unterrichtet die Anerkennungsstelle die Agentur über die anerkannten Bewertungsstellen sowie den Zuständigkeitsbereich, für den diese Bewertungsstellen gemäß Anhang II Nummern 2 und 3 anerkannt werden. Außerdem melden sie Änderungen dieses Sachverhalts innerhalb eines Monats. Diese Informationen werden von der Agentur veröffentlicht.

Artikel 14

Unterstützung der Agentur bei der Akkreditierung oder Anerkennung der Bewertungsstelle

1. Die Agentur organisiert die Beurteilung von Anerkennungsstellen unter Gleichrangigen, die anhand der in Artikel 10 der Verordnung (EG) Nr. 765/2008 aufgeführten Grundsätze durchgeführt wird.

2. Die Agentur organisiert in Zusammenarbeit mit der Europäischen Kooperation für die Akkreditierung (EA) für die nationalen Akkreditierungsstellen und die Anerkennungsstellen — zumindest bei jeder Überarbeitung — Schulungen zu dieser Verordnung.

Artikel 15

Sicherheitsbewertungsberichte

1. Die Bewertungsstelle übermittelt dem Vorschlagenden einen Sicherheitsbewertungsbericht in Übereinstimmung mit den in Anhang III aufgeführten Anforderungen. Es liegt in der Verantwortung des Vorschlagenden, zu bestimmen, ob und wie die Schlussfolgerungen des Sicherheitsbewertungsberichts bei der Bescheinigung der Sicherheit der bewerteten Änderung zu berücksichtigen sind. Ist der Vorschlagende mit einem Teil des Sicherheitsbewertungsberichts nicht einverstanden, begründet und belegt er diesen Standpunkt.

2. In dem in Artikel 2 Absatz 3 Buchstabe b genannten Fall wird — im Einklang mit Absatz 5 — die in Artikel 16 genannte Erklärung von der nationalen Sicherheitsbehörde bei ihrer Entscheidung über die Genehmigung der Inbetriebnahme von strukturellen Teilsystemen und Fahrzeugen akzeptiert.

3. Unbeschadet des Artikels 16 der Richtlinie 2008/57/EG kann die nationale Sicherheitsbehörde keine zusätzlichen Prüfungen oder Risikoanalysen verlangen, es sei denn, sie kann nachweisen, dass ein erhebliches Sicherheitsrisiko besteht.

4. In dem in Artikel 2 Absatz 3 Buchstabe a genannten Fall wird — im Einklang mit Absatz 5 — die in Artikel 16 genannte Erklärung von der benannten Stelle, die für die Ausstellung der Konformitätsbescheinigung zuständig ist, akzeptiert, es sei denn, sie begründet und belegt ihre Zweifel hinsichtlich der gemachten Annahmen oder der Zweckdienlichkeit der Ergebnisse.

([1]) ABl. L 153 vom 14.6.2007, S. 9.

5. Wurde ein System oder Teilsystem bereits in Anwendung des in dieser Verordnung festgelegten Risikomanagementverfahrens zugelassen, kann der daraus resultierende Sicherheitsbewertungsbericht nicht von einer anderen Bewertungsstelle, die mit einer erneuten Bewertung desselben Systems beauftragt ist, in Frage gestellt werden. Voraussetzung für die gegenseitige Anerkennung ist der Nachweis, dass das System unter denselben funktionalen, betrieblichen und Umgebungsbedingungen wie das bereits zugelassene System eingesetzt wird und dass gleichwertige Risikoakzeptanzkriterien angelegt wurden.

Artikel 16

Erklärung des Vorschlagenden

Auf der Grundlage der Ergebnisse der Anwendung dieser Verordnung sowie des von der Bewertungsstelle vorgelegten Sicherheitsberichts fasst der Vorschlagende eine schriftliche Erklärung ab, mit der bestätigt wird, dass alle ermittelten Gefährdungen und damit verbundenen Risiken auf einem vertretbaren Niveau gehalten werden.

Artikel 17

Risikomanagement und Überprüfungen

1. Die Eisenbahnunternehmen und Infrastrukturbetreiber sehen im Rahmen der regelmäßigen Überprüfung des gemäß Artikel 9 der Richtlinie 2004/49/EG einzuführenden Sicherheitsmanagementsystems Überprüfungen der Anwendung dieser Verordnung vor.

2. Die für die Instandhaltung zuständigen Stellen sehen im Rahmen der regelmäßigen Überprüfung des gemäß Artikel 14a Absatz 3 der Richtlinie 2004/49/EG einzuführenden Instandhaltungssystems Überprüfungen der Anwendung dieser Verordnung vor.

3. Als Teil der in Artikel 16 Absatz 2 Buchstabe e der Richtlinie 2004/49/EG festgelegten Aufgaben überwacht die nationale Sicherheitsbehörde die Anwendung dieser Verordnung durch die Eisenbahnunternehmen, die Infrastrukturbetreiber und die für die Instandhaltung zuständigen Stellen, die nicht in den Anwendungsbereich der Verordnung (EU) Nr. 445/2011 fallen, aber in ihrem nationalen Einstellungsregister verzeichnet sind.

4. Als Teil der in Artikel 7 Absatz 1 der Verordnung (EU) Nr. 445/2011 festgelegten Aufgaben überwacht die Zertifizierungsstelle einer für die Instandhaltung von Güterwagen zuständigen Stelle die Anwendung dieser Verordnung durch die für die Instandhaltung zuständige Stelle.

Artikel 18

Rückmeldungen und technischer Fortschritt

1. Jeder Infrastrukturbetreiber und jedes Eisenbahnunternehmen berichtet in seinem gemäß Artikel 9 Absatz 4 der Richtlinie 2004/49/EG vorzulegenden jährlichen Sicherheitsbericht kurz über seine Erfahrungen mit der Anwendung dieser Verordnung. Darüber hinaus enthält der Bericht eine zusammenfassende Darstellung der Entscheidungen über die Signifikanz der Änderungen.

2. Jede nationale Sicherheitsbehörde berichtet in ihrem gemäß Artikel 18 der Richtlinie 2004/49/EG vorzulegenden jährlichen Sicherheitsbericht über die Erfahrungen der Vorschlagenden mit der Anwendung dieser Verordnung sowie gegebenenfalls über ihre eigenen Erfahrungen.

3. Im jährlichen Instandhaltungsbericht der für die Instandhaltung von Güterwagen zuständigen Stellen gemäß Nummer I.7.4 Buchstabe k des Anhangs III der Verordnung (EU) Nr. 445/2011 sind Angaben zu den Erfahrungen der für die Instandhaltung zuständigen Stellen mit der Anwendung dieser Verordnung zu machen. Die Agentur sammelt diese Informationen in Zusammenarbeit mit den entsprechenden für die Zertifizierung zuständigen Stellen.

4. Auch die übrigen für die Instandhaltung zuständigen Stellen, die nicht in den Anwendungsbereich der Verordnung (EU) Nr. 445/2011 fallen, teilen der Agentur ihre Erfahrungen mit der Anwendung der vorliegenden Verordnung mit. Die Agentur koordiniert den Erfahrungsaustausch mit diesen für die Instandhaltung zuständigen Stellen und mit den nationalen Sicherheitsbehörden.

5. Die Agentur sammelt alle Informationen über die Erfahrungen mit der Anwendung dieser Verordnung und legt erforderlichenfalls der Kommission Empfehlungen zur Verbesserung dieser Verordnung vor.

6. Vor dem 21. Mai 2018 legt die Agentur der Kommission einen Bericht vor, der Folgendes umfasst:

a) eine Analyse der Erfahrungen mit der Anwendung dieser Verordnung, einschließlich derjenigen Fälle, in denen von den Vorschlagenden die CSM auf freiwilliger Basis vor dem in Artikel 20 genannten Geltungsbeginn angewandt wurde;

b) eine Analyse der Erfahrungen der Vorschlagenden im Zusammenhang mit Entscheidungen über die Signifikanz von Änderungen;

c) eine Analyse der Fälle, in denen gemäß Anhang I Nummer 2.3.8 Regelwerke zugrunde gelegt werden;

d) eine Analyse der Erfahrungen mit der Akkreditierung und Anerkennung von Bewertungsstellen;

e) eine Analyse der allgemeinen Wirksamkeit dieser Verordnung.

Die nationalen Sicherheitsbehörden unterstützen die Agentur bei der Einholung dieser Informationen.

Artikel 19

Aufhebung

Die Verordnung (EG) Nr. 352/2009 wird mit Wirkung vom 21. Mai 2015 aufgehoben.

Verweise auf die aufgehobene Verordnung gelten als Verweise auf die vorliegende Verordnung.

Artikel 20

Inkrafttreten und Geltung

Diese Verordnung tritt am zwanzigsten Tag nach ihrer Veröffentlichung im *Amtsblatt der Europäischen Union* in Kraft.

Sie gilt ab dem 21. Mai 2015.

Diese Verordnung ist in allen ihren Teilen verbindlich und gilt unmittelbar in jedem Mitgliedstaat.

Brüssel, den 30. April 2013

Für die Kommission
Der Präsident
José Manuel BARROSO

ANHANG I

1. ALLGEMEINE GRUNDSÄTZE FÜR DAS RISIKOMANAGEMENTVERFAHREN

1.1. Allgemeine Grundsätze und Verpflichtungen

1.1.1. Das Risikomanagementverfahren beginnt mit der Definition des zu bewertenden Systems und umfasst folgende Schritte:

a) das Risikobewertungsverfahren, in dessen Rahmen die Gefährdungen, die Risiken, die zugehörigen Sicherheitsmaßnahmen und die sich daraus ergebenden Sicherheitsanforderungen, die das zu bewertende System erfüllen muss, ermittelt werden;

b) den Nachweis, dass das System die ermittelten Sicherheitsanforderungen erfüllt, und

c) das Management aller ermittelten Gefährdungen und der entsprechenden Sicherheitsmaßnahmen.

Das Risikomanagementverfahren ist ein iteratives Verfahren, das in der Anlage grafisch dargestellt ist. Das Verfahren endet, wenn nachgewiesen ist, dass das System alle Sicherheitsanforderungen erfüllt, die im Hinblick auf die Akzeptanz der mit den ermittelten Gefährdungen verbundenen Risiken erforderlich sind.

1.1.2. Das Risikomanagementverfahren beinhaltet angemessene Qualitätssicherungsmaßnahmen und wird von qualifiziertem Personal durchgeführt. Es wird einer unabhängigen Bewertung durch eine oder mehrere Bewertungsstellen unterzogen.

1.1.3. Der Vorschlagende, der für das Risikomanagementverfahren verantwortlich ist, führt ein Gefährdungsprotokoll im Sinne von Nummer 4.

1.1.4. Akteure, die bereits über Methoden oder Instrumente für die Risikobewertung verfügen, können diese weiterhin anwenden, sofern solche Methoden oder Instrumente den Bestimmungen dieser Verordnung entsprechen und folgende Bedingungen erfüllt sind:

a) Die Risikobewertungsmethoden oder -instrumente sind im Rahmen eines Sicherheitsmanagementsystems beschrieben, das von einer nationalen Sicherheitsbehörde gemäß Artikel 10 Absatz 2 Buchstabe a oder Artikel 11 Absatz 1 Buchstabe a der Richtlinie 2004/49/EG zugelassen wurde, oder

b) die Risikobewertungsmethoden oder -instrumente sind aufgrund einer TSI vorgeschrieben oder entsprechen öffentlich zugänglichen anerkannten Normen, die in notifizierten nationalen Vorschriften niedergelegt sind.

1.1.5. Unbeschadet der zivilrechtlichen Haftung nach den Rechtsvorschriften der Mitgliedstaaten unterliegt das Risikobewertungsverfahren der Verantwortung des Vorschlagenden. Insbesondere entscheidet der Vorschlagende in Abstimmung mit den betroffenen Akteuren, wer für die Erfüllung der sich aus der Risikobewertung ergebenden Sicherheitsanforderungen verantwortlich ist. Die von dem Vorschlagenden an diese Akteure gestellten Sicherheitsanforderungen gehen nicht über ihren Verantwortungs- und Kontrollbereich hinaus. Diese Entscheidung ist davon abhängig, welche Art von Sicherheitsmaßnahmen gewählt wurde, um die Risiken auf einem vertretbaren Niveau zu halten. Der Nachweis über die Erfüllung der Sicherheitsanforderungen erfolgt gemäß Nummer 3.

1.1.6. Der erste Schritt des Risikomanagementverfahrens besteht darin, dass in einem vom Vorschlagenden zu erstellenden Dokument die Aufgaben der verschiedenen Akteure und ihre Risikomanagementmaßnahmen festgehalten werden. Der Vorschlagende ist verantwortlich für die Koordinierung einer engen Zusammenarbeit zwischen den verschiedenen beteiligten Akteuren, wobei ihre jeweiligen Aufgaben berücksichtigt werden und ein ordnungsgemäßes Management der Gefährdungen und der zugehörigen Sicherheitsmaßnahmen angestrebt wird.

1.1.7. Für die Bewertung der ordnungsgemäßen Anwendung des Risikomanagementverfahrens ist die Bewertungsstelle zuständig.

1.2. Schnittstellen-Management

1.2.1. An allen Schnittstellen, die für das zu bewertende System von Bedeutung sind, arbeiten die betroffenen Akteure des Eisenbahnsektors — unbeschadet der in einschlägigen TSI definierten Schnittstellenspezifikationen — zusammen, um gemeinsam die Ermittlung und das Management der Gefährdungen und der entsprechenden Sicherheitsmaßnahmen, die an diesen Schnittstellen relevant sind, zu bewerkstelligen. Das Management gemeinsamer Risiken an den Schnittstellen wird vom Vorschlagenden koordiniert.

1.2.2. Wenn ein Akteur feststellt, dass zur Erfüllung einer Sicherheitsanforderung eine Sicherheitsmaßnahme notwendig ist, die er nicht selbst umsetzen kann, überträgt er die Zuständigkeit für das Management der in Frage stehenden Gefährdung auf einen anderen Akteur, mit dem er eine entsprechende Vereinbarung getroffen hat, wobei er das in Nummer 4 dargelegte Verfahren einhält.

1.2.3. In Bezug auf das System, das der Bewertung unterzogen wird, ist jeder Akteur, der feststellt, dass eine Sicherheitsmaßnahme nicht den Anforderungen genügt oder unzureichend ist, dafür verantwortlich, dass der Vorschlagende davon in Kenntnis gesetzt wird; dieser unterrichtet seinerseits den für die Umsetzung der Sicherheitsmaßnahme zuständigen Akteur.

1.2.4. Der Akteur, der die Sicherheitsmaßnahme umsetzt, informiert daraufhin alle Akteure, die von dem Problem betroffen sind, sei es innerhalb des zu bewertenden Systems oder — soweit dem betreffenden Akteur bekannt — innerhalb anderer bestehender Systeme, die dieselbe Sicherheitsmaßnahme anwenden.

1.2.5. Wenn zwischen zwei oder mehreren Akteuren keine Einigung erzielt werden kann, obliegt es dem Vorschlagenden, eine Lösung zu finden.

1.2.6. Kann eine in einer notifizierten nationalen Vorschrift festgelegte Anforderung von einem Akteur nicht erfüllt werden, holt der Vorschlagende den Rat der zuständigen Behörde ein.

1.2.7. Unabhängig von der Definition des zu bewertenden Systems hat der Vorschlagende sicherzustellen, dass das Risikomanagement das System selbst wie auch dessen Integration in das Eisenbahnsystem als Ganzes abdeckt.

2. BESCHREIBUNG DES RISIKOBEWERTUNGSVERFAHRENS

2.1. Allgemeine Beschreibung

2.1.1. Das Risikobewertungsverfahren ist der iterative Gesamtprozess, der folgende Schritte umfasst:

a) Systemdefinition;

b) Risikoanalyse, einschließlich Gefährdungsermittlung;

c) Risikoevaluierung.

Das Risikobewertungsverfahren wird in Interaktion mit dem Gefährdungsmanagement gemäß Nummer 4.1 durchgeführt.

2.1.2. Bei der Systemdefinition werden mindestens folgende Aspekte berücksichtigt:

a) Zweckbestimmung des Systems (vorgesehene Verwendung);

b) Funktionen und Bestandteile des Systems, sofern relevant (einschließlich menschlicher, technischer und betrieblicher Komponenten);

c) Systemgrenzen, einschließlich anderer, interagierender Systeme;

d) physische Schnittstellen (interagierende Systeme) und funktionale (Ein- und Ausgabe-)Schnittstellen;

e) Systemumgebung (z. B. Energie- und Wärmefluss, Erschütterungen, Vibrationen, elektromagnetische Beeinflussung, betriebliche Verwendung);

f) bestehende Sicherheitsmaßnahmen und — nach der erforderlichen relevanten mehrfachen Anwendung — Definition der im Rahmen des Risikobewertungsverfahrens ermittelten Sicherheitsanforderungen;

g) Annahmen, die die Grenzen der Risikobewertung bestimmen.

2.1.3. Für das definierte System wird eine Gefährdungsermittlung gemäß Nummer 2.2 vorgenommen.

2.1.4. Die Vertretbarkeit des Risikos des zu bewertenden Systems wird unter Zugrundelegung eines oder mehrerer der folgenden Grundsätze der Risikoakzeptanz evaluiert:

a) Anwendung von Regelwerken (Nummer 2.3);

b) Vergleich mit ähnlichen Systemen (Nummer 2.4);

c) explizite Risikoabschätzung (Nummer 2.5).

In Übereinstimmung mit dem allgemeinen Grundsatz gemäß Nummer 1.1.5 sieht die Bewertungsstelle davon ab, dem Vorschlagenden Auflagen bezüglich des anzuwendenden Grundsatzes der Risikoakzeptanz zu machen.

2.1.5. Der Vorschlagende weist in der Risikoevaluierung nach, dass der gewählte Risikoakzeptanzgrundsatz in angemessener Weise angewandt wird. Darüber hinaus überprüft der Vorschlagende, dass die ausgewählten Risikoakzeptanzgrundsätze einheitlich angewandt werden.

2.1.6. Mit der Anwendung dieser Risikoakzeptanzgrundsätze werden mögliche Sicherheitsmaßnahmen festgelegt, mit denen das Risiko (die Risiken) des zu bewertenden Systems auf ein vertretbares Maß beschränkt wird (werden). Von diesen Sicherheitsmaßnahmen werden diejenigen, die für die Risikobeherrschung ausgewählt wurden, zu Sicherheitsanforderungen, die vom System erfüllt werden müssen. Die Erfüllung dieser Sicherheitsanforderungen wird gemäß Nummer 3 nachgewiesen.

2.1.7. Das iterative Risikobewertungsverfahren wird als abgeschlossen betrachtet, wenn nachgewiesen ist, dass alle Sicherheitsanforderungen erfüllt werden und keine weiteren, nach vernünftigem Ermessen vorhersehbaren Gefährdungen zu berücksichtigen sind.

2.2. Gefährdungsermittlung

2.2.1. Der Vorschlagende ermittelt systematisch unter Rückgriff auf die umfassende Fachkenntnis eines qualifizierten Teams sämtliche nach vernünftigem Ermessen vorhersehbaren Gefährdungen für das gesamte zu bewertende System und gegebenenfalls für dessen relevante Funktionen sowie dessen Schnittstellen.

Alle erkannten Gefährdungen werden gemäß Nummer 4 im Gefährdungsprotokoll erfasst.

2.2.2. Mit dem Ziel, die Risikobewertung auf die wichtigsten Risiken zu konzentrieren, werden die Gefährdungen nach dem sich aus ihnen ergebenden geschätzten Risiko eingestuft. Auf der Grundlage einer Expertenbewertung müssen Gefährdungen, die mit einem allgemein vertretbaren Risiko verbunden sind, nicht weiter analysiert, sondern lediglich im Gefährdungsprotokoll erfasst werden. Die Einstufung der Gefährdungen ist zu begründen, damit eine unabhängige Bewertung durch eine Bewertungsstelle vorgenommen werden kann.

2.2.3. Aus Gefährdungen resultierende Risiken können beispielsweise dann als allgemein vertretbar eingestuft werden, wenn das Risiko so gering ist, dass die Einführung zusätzlicher Sicherheitsmaßnahmen nicht angemessen wäre. Die Expertenbewertung berücksichtigt, dass der Gesamtumfang aller allgemein vertretbaren Risiken einen bestimmten Anteil am Gesamtrisiko nicht übersteigen darf.

2.2.4. Bei der Gefährdungsermittlung können Sicherheitsmaßnahmen festgelegt werden. Diese werden gemäß Nummer 4 im Gefährdungsprotokoll erfasst.

2.2.5. Die Gefährdungsermittlung muss nur so detailliert durchgeführt werden, dass bestimmt werden kann, in welchen Fällen davon auszugehen ist, dass durch Sicherheitsmaßnahmen die Risiken gemäß einem der in Nummer 2.1.4 genannten Risikoakzeptanzgrundsätze unter Kontrolle gehalten werden können. Die Phasen der Risikoanalyse und der Risikoevaluierung müssen gegebenenfalls mehrfach durchlaufen werden, bis ein ausreichender Detaillierungsgrad für die Erkennung von Gefährdungen erreicht ist.

2.2.6. Wird zur Risikobeherrschung auf ein Regelwerk oder auf ein Referenzsystem zurückgegriffen, kann die Gefährdungsermittlung beschränkt werden auf

a) die Überprüfung der Relevanz des Regelwerks bzw. Referenzsystems;

b) die Ermittlung der Abweichungen vom Regelwerk bzw. Referenzsystem.

2.3. Zugrundelegung von Regelwerken und Risikoevaluierung

2.3.1. Der Vorschlagende untersucht mit Unterstützung anderer beteiligter Akteure, ob eine, mehrere oder alle Gefährdungen durch die Anwendung relevanter Regelwerke angemessen abgedeckt werden.

2.3.2. Die Regelwerke müssen mindestens folgende Anforderungen erfüllen:

a) Sie müssen im Eisenbahnsektor allgemein anerkannt sein. Ist dies nicht der Fall, müssen sie begründet werden und für die Bewertungsstelle akzeptabel sein.

b) Sie müssen für die Beherrschung der betreffenden Gefährdungen in dem System, das der Bewertung unterzogen wird, relevant sein. Die erfolgreiche Anwendung eines Regelwerks in ähnlichen Fällen des Umgangs mit Änderungen und der wirksamen Beherrschung der ermittelten Gefährdungen eines Systems im Sinne dieser Verordnung reicht aus, damit dieses Regelwerk als relevant angesehen wird.

c) Sie müssen auf Nachfrage für Bewertungsstellen zugänglich sein, damit diese die Eignung sowohl der Anwendung des Risikomanagementverfahrens als auch seiner Ergebnisse entweder bewerten oder gegebenenfalls im Einklang mit Artikel 15 Absatz 5 gegenseitig anerkennen können.

2.3.3. In Fällen, in denen gemäß der Richtlinie 2008/57/EG die Einhaltung von TSI verlangt wird und die relevanten TSI nicht das durch diese Verordnung vorgeschriebene Risikomanagementverfahren vorsehen, können die TSI als Regelwerke für die Beherrschung von Gefährdungen betrachtet werden, sofern die unter Nummer 2.3.2 Buchstabe b genannte Anforderung erfüllt ist.

2.3.4. Nationale Vorschriften, die gemäß Artikel 8 der Richtlinie 2004/49/EG und Artikel 17 Absatz 3 der Richtlinie 2008/57/EG notifiziert werden, können als Regelwerke betrachtet werden, sofern die unter Nummer 2.3.2 genannten Anforderungen erfüllt sind.

2.3.5. Wenn eine oder mehrere Gefährdungen durch Regelwerke unter Kontrolle gehalten werden, die die Anforderungen unter Nummer 2.3.2 erfüllen, sind die mit diesen Gefährdungen verbundenen Risiken als vertretbar anzusehen. Dies bedeutet,

a) dass die betreffenden Risiken nicht weiter analysiert werden müssen;

b) dass die Anwendung der Regelwerke im Gefährdungsprotokoll als Sicherheitsanforderung in Bezug auf die jeweiligen Gefährdungen erfasst wird.

2.3.6. Entspricht der verfolgte Ansatz einem Regelwerk nicht in vollem Umfang, hat der Vorschlagende nachzuweisen, dass der stattdessen verfolgte Ansatz mindestens dasselbe Sicherheitsniveau gewährleistet.

2.3.7. Kann das aus einer bestimmten Gefährdung erwachsende Risiko nicht durch Anwendung von Regelwerken auf ein vertretbares Maß eingedämmt werden, werden zusätzliche Sicherheitsmaßnahmen festgelegt, indem einer der beiden anderen Risikoakzeptanzgrundsätze angewandt wird.

2.3.8. Werden sämtliche Gefährdungen durch Anwendung von Regelwerken unter Kontrolle gehalten, kann das Risikomanagementverfahren beschränkt werden auf

a) eine Gefährdungsermittlung gemäß Nummer 2.2.6;

b) die Aufnahme eines Vermerks über die Anwendung der Regelwerke im Gefährdungsprotokoll gemäß Nummer 2.3.5;

c) die Dokumentation der Anwendung des Risikomanagementverfahrens gemäß Nummer 5;

d) eine unabhängige Bewertung gemäß Artikel 6.

2.4. Heranziehung eines Referenzsystems und Risikoevaluierung

2.4.1. Der Vorschlagende untersucht mit Unterstützung anderer beteiligter Akteure, ob eine, mehrere oder alle Gefährdung(en) durch ein ähnliches System angemessen abgedeckt wird bzw. werden, das als Referenzsystem herangezogen werden könnte.

2.4.2. Ein Referenzsystem muss mindestens folgende Anforderungen erfüllen:

a) Es hat sich bereits in der Praxis bewährt, weil es ein akzeptables Sicherheitsniveau gewährleistet, und es würde daher in dem Mitgliedstaat, in dem die Änderung eingeführt werden soll, nach wie vor eine Genehmigung erhalten.

b) Es verfügt über ähnliche Funktionen und Schnittstellen wie das System, das der Bewertung unterzogen wird.

c) Es wird unter ähnlichen Betriebsbedingungen eingesetzt wie das System, das der Bewertung unterzogen wird.

d) Es wird unter ähnlichen Umgebungsbedingungen eingesetzt wie das System, das der Bewertung unterzogen wird.

2.4.3. Erfüllt ein Referenzsystem die unter Nummer 2.4.2 genannten Anforderungen, gilt für das zu bewertende System Folgendes:

a) Die Risiken, die mit den vom Referenzsystem abgedeckten Gefährdungen verbunden sind, werden als vertretbar angesehen.

b) Die Sicherheitsanforderungen im Falle von Gefährdungen, die von dem Referenzsystem abgedeckt werden, können aus Sicherheitsanalysen oder aus einer Bewertung der Sicherheitsdokumentation des Referenzsystems abgeleitet werden.

c) Diese Sicherheitsanforderungen werden im Gefährdungsprotokoll als in Bezug auf die jeweiligen Gefährdungen geltende Sicherheitsanforderungen erfasst.

2.4.4. Weicht das zu bewertende System vom Referenzsystem ab, muss aus der Risikoevaluierung hervorgehen, dass dieses System mindestens das gleiche Sicherheitsniveau erreicht wie das Referenzsystem, indem ein anderes Referenzsystem herangezogen oder einer der beiden anderen Risikoakzeptanzgrundsätze angewandt wird. Die Risiken, die mit den vom Referenzsystem abgedeckten Gefährdungen verbunden sind, werden in diesem Fall als vertretbar angesehen.

2.4.5. Kann nicht nachgewiesen werden, dass das System zumindest das gleiche Sicherheitsniveau erreicht wie das Referenzsystem, werden für die Abweichungen zusätzliche Sicherheitsmaßnahmen festgelegt, indem einer der beiden anderen Risikoakzeptanzgrundsätze angewandt wird.

2.5. Explizite Risikoabschätzung und -evaluierung

2.5.1. Wenn die Gefährdungen nicht von einem der beiden Risikoakzeptanzgrundsätze abgedeckt werden, die in den Nummern 2.3 und 2.4 festgelegt sind, wird der Nachweis über die Vertretbarkeit des Risikos in Form einer expliziten Risikoabschätzung und -evaluierung erbracht. Risiken, die sich aus diesen Gefährdungen ergeben, werden unter Berücksichtigung der vorhandenen Sicherheitsmaßnahmen quantitativ oder qualitativ beurteilt.

2.5.2. Die Vertretbarkeit der geschätzten Risiken wird anhand von Risikoakzeptanzkriterien bewertet, die aus in Rechtsvorschriften der Union oder notifizierten nationalen Vorschriften enthaltenen gesetzlichen Anforderungen abgeleitet werden oder darauf beruhen. In Abhängigkeit von den Risikoakzeptanzkriterien kann die Vertretbarkeit des Risikos entweder für jede Gefährdung einzeln oder insgesamt für die Kombination aller bei der expliziten Risikoabschätzung berücksichtigten Gefährdungen bewertet werden.

Wenn das geschätzte Risiko nicht vertretbar ist, werden zusätzliche Sicherheitsmaßnahmen festgelegt und umgesetzt, damit das Risiko auf ein vertretbares Maß gesenkt werden kann.

2.5.3. Wird das mit einer Gefährdung oder mit einer Kombination mehrerer Gefährdungen verbundene Risiko als vertretbar angesehen, werden die festgelegten Sicherheitsmaßnahmen im Gefährdungsprotokoll erfasst.

2.5.4. Wenn sich aus Ausfällen technischer Systeme Gefährdungen ergeben, die nicht von Regelwerken oder der Verwendung eines Referenzsystems abgedeckt werden, gilt für den Entwurf des technischen Systems folgendes Risikoakzeptanzkriterium:

Bei technischen Systemen, bei denen im Falle eines funktionellen Ausfalls von unmittelbaren katastrophalen Folgen auszugehen ist, muss das damit verbundene Risiko nicht weiter reduziert werden, wenn die Ausfallrate pro Betriebsstunde kleiner oder gleich 10^{-9} ist.

2.5.5. Unbeschadet des in Artikel 8 der Richtlinie 2004/49/EG vorgesehenen Verfahrens kann im Interesse der Aufrechterhaltung eines nationalen Sicherheitsniveaus im Wege einer notifizierten nationalen Vorschrift ein strengeres Kriterium als das in Nummer 2.5.4 niedergelegte festgelegt werden. Werden zusätzliche Genehmigungen für die Inbetriebnahme von Fahrzeugen verlangt, gelten die Verfahren der Artikel 23 und 25 der Richtlinie 2008/57/EG.

2.5.6. Wird ein technisches System unter Zugrundelegung des unter Nummer 2.5.4 niedergelegten Kriteriums einer Ausfallrate von 10^{-9} entwickelt, findet das Prinzip der gegenseitigen Anerkennung gemäß Artikel 15 Absatz 5 Anwendung.

Weist der Vorschlagende jedoch nach, dass das nationale Sicherheitsniveau im betreffenden Mitgliedstaat sich auch bei einer Ausfallrate pro Betriebsstunde von über 10^{-9} aufrechterhalten lässt, kann das entsprechende Kriterium vom Vorschlagenden im betreffenden Mitgliedstaat angewandt werden.

2.5.7. Die explizite Risikoabschätzung und -evaluierung muss mindestens folgende Anforderungen erfüllen:

a) Die für die explizite Risikoabschätzung eingesetzten Methoden geben das System, das der Bewertung unterzogen wird, und seine Parameter (einschließlich aller Betriebsmodi) korrekt wieder.

b) Die Ergebnisse sind ausreichend präzise, um als solide Entscheidungshilfe dienen zu können. Geringfügige Änderungen bei den zugrunde gelegten Annahmen oder Voraussetzungen dürfen nicht zu erheblich unterschiedlichen Anforderungen führen.

3. NACHWEIS DER ERFÜLLUNG DER SICHERHEITSANFORDERUNGEN

3.1. Bevor die Sicherheit einer Änderung bescheinigt wird, ist — unter Aufsicht des Vorschlagenden — die Erfüllung der sich aus der Phase der Risikobewertung ergebenden Sicherheitsanforderungen nachzuweisen.

3.2. Dieser Nachweis wird von jedem der für die Erfüllung der gemäß Nummer 1.1.5 bestimmten Sicherheitsanforderungen verantwortlichen Akteure erbracht.

3.3. Die für den Nachweis der Erfüllung der Sicherheitsanforderungen gewählte Vorgehensweise sowie der Nachweis selbst werden einer unabhängigen Bewertung durch eine Bewertungsstelle unterzogen.

3.4. Eine Unangemessenheit der Sicherheitsmaßnahmen, durch die die Sicherheitsanforderungen erfüllt werden sollen, oder eine Gefährdung, die beim Nachweis der Erfüllung der Sicherheitsanforderungen entdeckt wird, hat eine erneute Bewertung und Evaluierung der damit verbundenen Risiken durch den Vorschlagenden gemäß Nummer 2 zur Folge. Die neuen Gefährdungen werden gemäß Nummer 4 im Gefährdungsprotokoll erfasst.

4. GEFÄHRDUNGSMANAGEMENT

4.1. Gefährdungsmanagementverfahren

4.1.1. Im Verlauf der Planung und Durchführung werden — bis zur Genehmigung der Änderung oder der Vorlage des Sicherheitsbewertungsberichts — vom Vorschlagenden Gefährdungsprotokolle angelegt bzw. aktualisiert (sofern sie bereits bestehen). In einem Gefährdungsprotokoll werden die Fortschritte bei der Überwachung der aus den ermittelten Gefährdungen resultierenden Risiken aufgezeichnet. Sobald das System genehmigt und in Betrieb genommen wurde, wird das Gefährdungsprotokoll von dem Infrastrukturbetreiber oder dem Eisenbahnunternehmen, der bzw. das für den Betrieb des der Bewertung unterzogenen Systems verantwortlich ist, als integraler Bestandteil seines Sicherheitsmanagementsystems weitergeführt.

4.1.2. Im Gefährdungsprotokoll sind alle Gefährdungen sowie alle entsprechenden Sicherheitsmaßnahmen und Systemannahmen aufgeführt, die im Zuge des Risikobewertungsverfahrens ermittelt wurden. Das Protokoll enthält einen eindeutigen Verweis auf den Ursprung der Gefährdungen und die gewählten Risikoakzeptanzgrundsätze sowie genaue Angaben zu dem (den) Akteur(en), der (die) jeweils dafür zuständig ist (sind), die einzelnen Gefährdungen unter Kontrolle zu halten.

4.2. **Informationsaustausch**

Alle Gefährdungen und damit zusammenhängenden Sicherheitsanforderungen, die nicht durch einen Akteur allein unter Kontrolle gehalten werden können, werden einem weiteren beteiligten Akteur gemeldet, damit gemeinsam eine angemessene Lösung gefunden werden kann. Die Gefährdungen, die im Gefährdungsprotokoll des Akteurs aufgezeichnet sind, der die Zuständigkeit auf einen anderen Akteur überträgt, gelten nur dann als beherrscht, wenn die Evaluierung der Risiken im Zusammenhang mit diesen Gefährdungen von dem anderen Akteur vorgenommen wird und sich alle Beteiligten auf eine Lösung einigen.

5. NACHWEISE FÜR DIE ANWENDUNG DES RISIKOMANAGEMENTVERFAHRENS

5.1. Das Risikomanagementverfahren, das für die Bewertung der Sicherheitsniveaus und der Erfüllung der Sicherheitsanforderungen angewandt wird, ist vom Vorschlagenden in einer solchen Weise zu dokumentieren, dass einer Bewertungsstelle alle erforderlichen Nachweise hinsichtlich der Eignung sowohl der Anwendung des Risikomanagementverfahrens als auch seiner Ergebnisse zugänglich sind.

5.2. Das vom Vorschlagenden gemäß Nummer 5.1 erstellte Dokument enthält mindestens

a) eine Beschreibung der Organisation und Angaben zu den Experten, die benannt wurden, um das Risikobewertungsverfahren durchzuführen;

b) die Ergebnisse der verschiedenen Phasen der Risikobewertung sowie eine Auflistung aller Sicherheitsanforderungen, die erfüllt werden müssen, damit das Risiko auf einem vertretbaren Niveau gehalten werden kann;

c) den Nachweis der Erfüllung aller erforderlichen Sicherheitsanforderungen;

d) alle für die Integration, den Betrieb oder die Instandhaltung eines Systems relevanten Annahmen, die im Zuge der Systemdefinition und -entwurf und der Risikobewertung gemacht wurden.

5.3. Die Bewertungsstelle hält ihre Schlussfolgerungen in einem nach Anhang III abgefassten Sicherheitsbewertungsbericht fest.

Anlage

Risikomanagementverfahren und unabhängige Bewertung

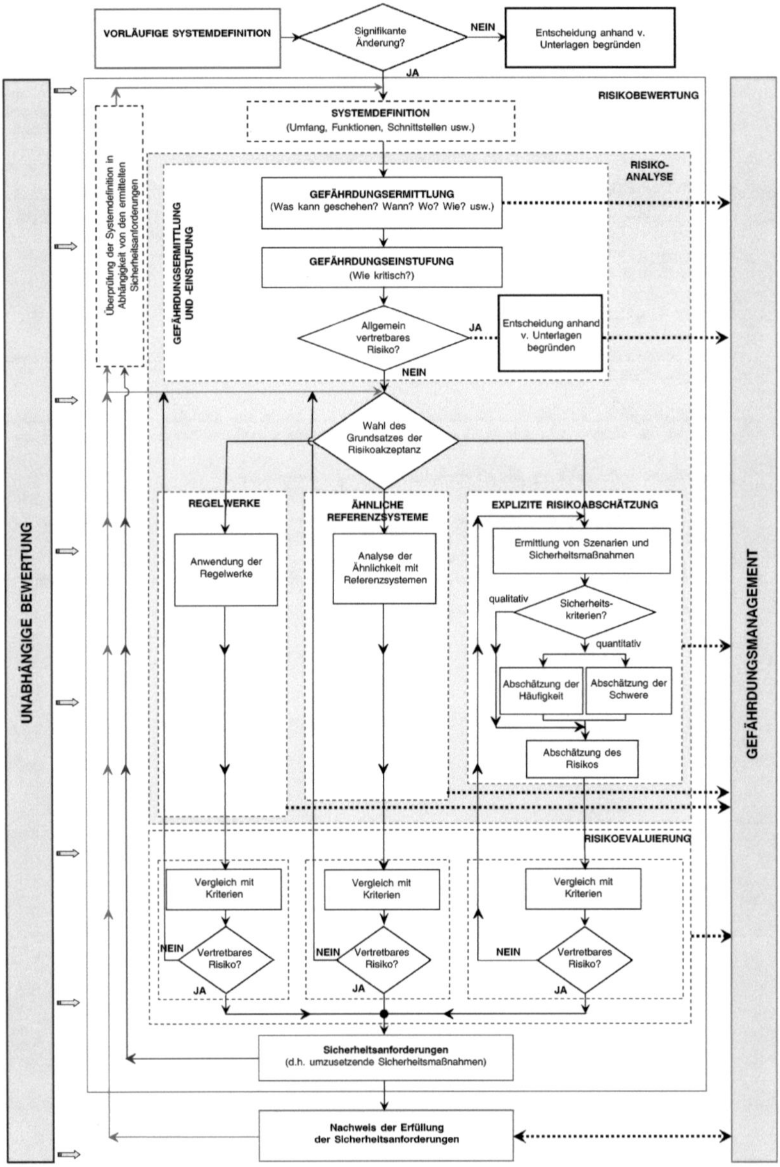

ANHANG II

KRITERIEN FÜR DIE AKKREDITIERUNG ODER ANERKENNUNG DER BEWERTUNGSSTELLE

1. Die Bewertungsstelle erfüllt alle Anforderungen der Norm ISO/IEC 17020:2012 und ihrer späteren Änderungen. Bei der Ausführung der in dieser Norm definierten Inspektionstätigkeit legt die Bewertungsstelle ihr sachverständiges Urteilsvermögen zugrunde. Sie erfüllt die allgemeinen Kriterien hinsichtlich Kompetenz und Unabhängigkeit in dieser Norm sowie die folgenden speziellen Kompetenzkriterien:

   a) Kompetenz auf dem Gebiet des Risikomanagements: Kenntnisse und Erfahrungen auf dem Gebiet der Standardmethoden für die Sicherheitsanalyse und der einschlägigen Normen;

   b) alle einschlägigen Fähigkeiten zur Bewertung der von der Änderung betroffenen Teile des Eisenbahnsystems;

   c) Kompetenz auf dem Gebiet der korrekten Anwendung von Sicherheits- und Qualitätsmanagementsystemen oder der Prüfung von Managementsystemen.

2. In Analogie zu Artikel 28 der Richtlinie 2008/57/EG über die Meldung der benannten Stellen wird die Bewertungsstelle für die verschiedenen Zuständigkeitsbereiche innerhalb des Eisenbahnsystems oder von Teilen davon, für die eine grundlegende Sicherheitsanforderung besteht, einschließlich des Zuständigkeitsbereichs Betrieb und Instandhaltung des Eisenbahnsystems, akkreditiert oder anerkannt.

3. Die Bewertungsstelle wird für die Bewertung der generellen Konsistenz des Risikomanagements und der sicheren Integration des Systems, das der Bewertung unterzogen wird, in das Eisenbahnsystem als Ganzes akkreditiert oder anerkannt. Hierfür ist die Kompetenz der Bewertungsstelle zur Überprüfung folgender Aspekte erforderlich:

   a) Organisation, das heißt die notwendigen Vorkehrungen für eine koordinierte Vorgehensweise bei der Verwirklichung von Systemsicherheit durch ein gemeinsames Verständnis und eine einheitliche Anwendung von Risikokontrollmaßnahmen für Teilsysteme;

   b) Methodik, das heißt die Bewertung der Methoden und Ressourcen verschiedener Akteure zur Unterstützung der Sicherheit auf Teilsystem- oder Systemebene, und

   c) technische Aspekte, die für die Bewertung der Relevanz und der Vollständigkeit von Risikobewertungen und des Sicherheitsniveaus für das System als Ganzes notwendig sind.

4. Das Bewertungsgremium kann für einen, mehrere oder alle der unter den Nummern 2 und 3 aufgeführten Zuständigkeitsbereiche akkreditiert oder anerkannt werden.

ANHANG III

SICHERHEITSBEWERTUNGSBERICHT DER BEWERTUNGSSTELLE

Der Sicherheitsbewertungsbericht der Bewertungsstelle enthält zumindest die folgenden Informationen:

a) Angaben zur Bewertungsstelle;

b) den unabhängigen Bewertungsplan;

c) den Gegenstandsbereich der unabhängigen Bewertung sowie ihre Grenzen;

d) die Ergebnisse der unabhängigen Bewertung, insbesondere:

  i) ausführliche Angaben zu den unabhängigen Bewertungstätigkeiten, mit denen die Einhaltung der Bestimmungen der vorliegenden Verordnung überprüft worden ist;

  ii) festgestellte Verstöße gegen die Bestimmungen der vorliegenden Verordnung und Empfehlungen der Bewertungsstelle;

e) die Schlussfolgerungen der unabhängigen Bewertung.